# This Book
# BELONGS TO

_________________________

_________________________

_________________________

# COLOR THIS PAGE

# COLOR THIS PAGE

# COLOR THIS PAGE

# COLOR THIS PAGE

# COLOR THIS PAGE

# COLOR THIS PAGE

# COLOR THIS PAGE

# COLOR THIS PAGE

# COLOR THIS PAGE

# COLOR THIS PAGE

# COLOR THIS PAGE

# COLOR THIS PAGE

# COLOR THIS PAGE

# COLOR THIS PAGE

# COLOR THIS PAGE

# COLOR THIS PAGE

# COLOR THIS PAGE

# COLOR THIS PAGE

COLOR THIS PAGE

# COLOR THIS PAGE

# COLOR THIS PAGE

# COLOR THIS PAGE

# COLOR THIS PAGE

# COLOR THIS PAGE

# COLOR THIS PAGE

# COLOR THIS PAGE

COLOR THIS PAGE

# COLOR THIS PAGE

# COLOR THIS PAGE

# COLOR THIS PAGE

# COLOR THIS PAGE

# COLOR THIS PAGE

# COLOR THIS PAGE

# COLOR THIS PAGE

# COLOR THIS PAGE

# HEY, WE WANT TO HEAR FROM YOU!

**PLEASE LEAVE A REVIEW BECAUSE WE WOULD LOVE TO KNOW YOUR THOUGHT'S**

thanks for your support

thank
you